龟兔赛跑

送给所有的小孩和大人

布莱恩·瓦尔德史密斯（Brian Wildsmith）是英国图画书界的常青树，有着“华丽色彩大师”之称。他善于混合运用水彩、水粉、彩粉、拼贴等多种表现手法，以自由大胆的色彩、构图和变形著称。布莱恩创作过八十多种绘本，被译成约二十种文字，是世界知名的大师级图画书作家。他曾获凯特·格林纳威奖，这是英国授予优秀绘本作家的最高荣誉。评论家赞美他，“不只是插画家，内心更像一位哲学家”。他本人深信好的图画书可以使孩子更早亲近艺术与文化，“图画书结合图画与想象，美丽的创作可以提升孩子的视觉感受力，影响一辈子”。

图书在版编目（CIP）数据

龟兔赛跑／（英）瓦尔德史密斯（Wildsmith,B.）著；程晓译．－上海：少年儿童出版社，2009.5
（麦田精选大师典藏图画书）
ISBN 978－7－5324－7870－5

Ⅰ．龟…　Ⅱ．①瓦…　②程…　Ⅲ．图画故事－英国－现代　Ⅳ．I561.85

中国版本图书馆CIP数据核字（2009）第009921号

著作权合同登记号　图字：09－2008－678号

The Hare and the Tortoise was originally published in English in 2007.This translation is published by arrangement with Oxford University Press through Andrew Nurnberg Associates International Ltd.

龟兔赛跑　〔英〕布莱恩·瓦尔德史密斯　文/图　程　晓　译

责任编辑　吕　津　　美术编辑　钱　黎
技术编辑　张伟群　胡厚源　责任校对　沈丽蓉
出　　版　上海世纪出版股份有限公司少年儿童出版社
地　　址　200052　上海延安西路1538号
发　　行　上海世纪出版股份有限公司发行中心
地　　址　200001　上海福建中路193号
易 文 网　www.ewen.cc　少儿网　www.jcph.com
电子邮件　postmaster@jcph.com
印　　刷　上海丽佳制版印刷有限公司
开　　本　889×1194　1/16　印张　2
版　　次　2010年9月第1版第3次印刷
书　　号　ISBN 978－7－5324－7870－5/I·2860

定　　价　12.80元

Brian Wildsmith

龟兔赛跑

[英]布莱恩·瓦尔德史密斯 文/图
程　晓 译

少年儿童出版社

有一天，兔子和乌龟吵了起来。

兔子觉得自己比乌龟聪明多了，因为它可以跑得飞快；而乌龟呢，身上背了个“小房子”，爬得慢吞吞的。

乌龟可不这么想，它提出要和兔子比比谁跑得快。乌龟说："我们从这里出发，翻过那座小山，穿过那排灌木篱笆，然后沿着那片胡萝卜地，看谁先跑到那辆旧推车旁边。"兔子听了哈哈大笑，说："我赢定了！既然你想跟我赛跑，咱俩就比试比试吧。"

乌龟和兔子赛跑的消息很快就传开了，鸟儿和动物们都赶来看热闹。

狐狸说："乌龟根本不可能赢！"猫头鹰说："那可说不准，咱们等着瞧吧。"

公鸡做发令员，观众们都向后退开。公鸡深深地吸了口气，准备发出起跑的信号。

“预备——跑！”

一眨眼的工夫，兔子就嗖地冲了出去，在草地上飞奔起来，乌龟却连一步都还没动。

　　不一会儿，兔子就翻过了小山，来到了灌木篱笆前。它朝后面看了看，连个乌龟的影子都没看见，于是就停下了脚步，悠闲地啃起鲜嫩的叶子来。

乌龟一步一步向前爬，终于爬到了小山脚下。

华丽色彩大师——布莱恩·瓦尔德史密斯

台湾著名图画书推广人　郑明进

作者介绍 一九三二年出生的郑明进，曾经在小学的课堂上，为了激发孩童的想象力，拿出一本本图画书，讲故事给孩子听，从此开始了儿童插画创作以及图画书研究和推广的生涯。他出版过儿童美术教育书籍，也创作、编辑、翻译图画书，还不时在报章杂志上介绍国内外著名的插画作家，受邀为图画书撰写导读文章或者演讲如何进行图画书的欣赏，因此也被童书界人士称为**“台湾的儿童图画书教父”**。他说：**“给台湾的孩子最好的儿童图画书是我一生的目标。”**

如果从欧洲的图画书发展历史来看，英国的插画家们的确也扮演了举足轻重的角色！英国在十九世纪末到二十世纪，曾经出现了不少影响欧洲插画史的插画家，例如沃尔达·威廉、兰特尔夫·考尔德克、凯特·格林威、比尔杜丽斯·波特等。

从世界图画书的发展状况来看，它的进步正好与一个国家是否朝向近代社会化、文明化是同步发展的，越是关心儿童独立人格的国度，就有越多出版社参与好的儿童图画书出版行列。

英国本来就是一个拥有传统艺术文化根基的国家，而由于它有着传统美术的长久历史，因此在这样的国家，要创造出更有新时代的、现代化的图画书，反而具有某种阻力。一九六〇年以来的英国，在儿童图画书的发展过程中，很幸运地拥有两位插画家，能从各自的创作经验中迈出传统，创造了属于新时代风格的图画书，并且深受世界插画界的肯定，他们是布莱恩·瓦尔德史密斯和查尔斯·库宾。

记得我在台北市龙山国小当美术老师时，为了强化小学生在绘画创作上的能力，除积极地推广写生画和想象画的教学之外，也特别运用国外印刷精美、有故事内容和连贯性插画的图画书来激发当时小学生们的幻想能力。

当时从日本买到了几本相当精致的图画书，其中《狮子与老鼠》及《北风与太阳》是我最常用的欣赏教材。这两本书取材自《拉封丹寓言》，而插画由瓦尔德史密斯所创作。画家在插画风格上灵活运用了鲜丽、明快的蜡笔和水彩来混合表现，有些部分更巧妙地利用了印刷品上的现成纸张做剪贴，使每一幅画呈现出非常艳丽、明快的视觉效果，犹如听到色彩的交响曲一般，效果非凡。

例如从《狮子和老鼠》的一幅插画来看，以明亮的黄色透明水彩做底，加上不透明的米黄、土黄来表现脸部和双脚的部分，并用红色粗犷的蜡笔线条画出蓬松的鬃毛，而背景则用暗蓝来描绘丛林、花草，充分衬托出狮子的勇猛威武，而脚边的老鼠又相对地显得很渺小的感觉。再看狮子被困在绳网中挣脱的样子，不只色彩鲜活，狮子的眼神、张嘴的表情、以蓝色压底，用粗细锐利的直线构成的密密网线，更强化了狮子被困的痛苦情境！

《北风和太阳》一书的插画中，有一幅以深蓝色带紫色做底表现天空，右上是亮丽的鲜黄、红、粉红的明艳色彩来表现太阳亮丽的光，读者可以感受到从太阳散发出来的热力之美。而在左上角则运用蜡笔的轻快线条和冷色调的蓝绿色，用拟人化的云，强调北风吹袭的风速效果！而当太阳终于释放温和热力时，前景出现各式各样鲜亮的盛开花朵，厚重的色彩涂擦出翩翩飞舞的蝴蝶，轻快的笔触带出飞舞中的蜜蜂，呈现了春的气息！再看远景几何形色块和线条，它们组合而成的城堡、街景，带来广阔的视觉空间。

看过瓦尔德史密斯的好多图画书，令人觉得他的确是一位当今最能运用华丽的色彩，并发挥卓越的素描功夫，来画出深具艺术性与现代感的出色插画家。

如果你是乌龟，你会挑战兔子吗？

创意阅读推广人/台湾儿童文学作家
方素珍

古希腊人伊索创造了寓言，刻划出人与人之间的关系，也反映了当时人民的智慧与生活；伊索寓言中的故事，曾被翻译成世界各国的语言，人们口耳相传、家喻户晓，如：《龟兔赛跑》《北风和太阳》《狮子和老鼠》……都是大家耳熟能详的故事。本书《龟兔赛跑》是改编自法国诗人拉封丹(1621~1695)的寓言诗作品，他的寓言诗中有三分之一是取材自伊索寓言。

《龟兔赛跑》叙述了一只跑得飞快而自认为聪明的兔子，与一只不服气的乌龟相约赛跑，兔子因为过于自信和轻敌，在中途停下来吃美味的叶子和胡萝卜，并且舒舒服服地睡了一觉，最后败给了乌龟。全书采取拟人化的艺术手法，借题发挥，褒龟贬兔，藉以表达了“骄者必败，勤奋不懈者终能成功”的哲理。

拉封丹的寓言诗，在法国文学史上占有重要地位，具有很高的文学价值和教化作用。本书由世界级画家布莱恩·瓦尔德史密斯重新对拉封丹的寓言诗《龟兔赛跑》进行改编，文字生动活泼，便于朗诵和记忆，绘画风格充满童趣和美感，更富有艺术表现力，适合不同层次的读者朗读、表演和欣赏，艺术性和教育性完美结合，也适合应用于艺术教育领域上。

布莱恩·瓦尔德史密斯（Brian Wildsmith）是英国图画书界的常青树，素有“华丽色彩大师”之称，曾获英国图画书界的最高奖项格林威大奖，有人赞美他不只是插画家，内心更像一位哲学家。他说：“好的图画书可以让孩子更早亲近艺术与文化。孩子的小小心灵就像一本空白的书，等待记载爱、幽默、同情与智慧。”

《龟兔赛跑》虽然只是一则寓言，但是对乌龟和兔子来说，却不只是故事而已。师长或父母在与孩子共读本书后，不妨和孩子来一段“人各有所长”的另类思考：如果你是乌龟，你会挑战兔子吗？如果你是兔子，你会和身体构造、专业领域都不同的乌龟赛跑吗？从东方到西方，从古代到现代，一则则的寓言，以其特有简洁而幽默的文字，启发世人多少的智慧。即使是同一则寓言，都会让不同年纪的读者有不同的体认，这也是世世代代必读经典寓言的原因。

乌龟爬起山来特别费劲，鸟儿们一路上为它加油鼓劲。

兔子吃了几口灌木篱笆中的叶子，又飞快地冲到了胡萝卜地里。它可喜欢吃胡萝卜了，所以**忍不住**停下来吃胡萝卜。

兔子不停地吃啊吃，
最后撑得肚子圆滚滚的，
只好躺下来休息一会儿。

这时候，乌龟才刚刚爬到灌木篱笆前。

它已经很累了，但是并没有停下来，还是继续慢慢地向前爬。

最后，乌龟终于爬到了胡萝卜地。兔子已经“呼噜呼噜”睡着了，一点儿都没有察觉到乌龟已经超过了它。

突然，兔子醒了，它朝终点那辆旧推车望去，
吃惊地发现
乌龟
已经
快到
终点
了！

兔子用最快的速度拼命向
终点冲去……

可是已经来不及
了，乌龟赢得了比赛。

动物们全都围着乌龟，听它讲如何**坚持**不停地向前爬，最终战胜了跑得快但是**轻视**对手的兔子。